Autor: Emerson Calejon
emersoncalejon@live.com

Resumo

Quem quiser paz e saúde deve cultivar relacionamentos saudáveis, comer com moderação, pensar bastante e evitar falar demais. O silêncio é um conselheiro sábio em questões familiares e financeiras. Ter coragem não significa vencer ferozes desafios, mas manter a calma e paciência. Mesmo quem tem muito conhecimento está sujeito a grandes perigos. Deus criou a humanidade de forma única, e a esperança é a única constante em meio às mudanças. É essencial manter a fé em Deus e cultivar o otimismo para encontrar a luz da esperança.

A LUZ DA ESPERANÇA

Palavras de Conforto

A Luz da Esperança

Emerson Calejon

Published by Emerson Calejon, Sr, 2024.

While every precaution has been taken in the preparation of this book, the publisher assumes no responsibility for errors or omissions, or for damages resulting from the use of the information contained herein.

A LUZ DA ESPERANÇA

First edition. June 6, 2024.

Copyright © 2024 Emerson Calejon.

ISBN: 979-8227938084

Written by Emerson Calejon.

Also by Emerson Calejon

A jornada de Allan Karras
A Serenidade Interior
Do outro lado das Estrelas
John River: O último desafio
Luzes e Ensinos do Plano Astral
Mensagens que Auxiliam
O Caminho
Paixões na Madrugada
Palavras que Confortam
Palavras que Libertam
Reflexões de uma Jornada
Além das Estrelas
O Declínio da Coragem
Uma História de Vida
A Gota de Chuva
O Homem frente ao Ego
O Menino e o Maestro
Perguntas e Respostas sobre a vida Espiritual
Aprendendo com a Vida
50 Tons de Pensamentos
Gume de dois Lados
John River: o início da missão
Arte de Viver
O Jardim de Dulcineia
Para onde tenha Sol

Introdução

Aqueles que almejam tranquilidade e bem-estar devem nutrir vínculos normais.

Coma pouco e reflita bastante. E evite falar demais.

Em todas as situações, seja em assuntos familiares ou financeiros.

A tranquilidade silenciosa é a melhor companheira.

Indivíduo com vasto conhecimento, tanto entre seus colegas quanto entre seus adversários.

Ele pode possuir nobreza e talento, porém enfrenta enormes riscos.

Foi Deus quem criou os humanos, realizou todas as coisas com perfeição.

Que, mesmo em coletividades unidas, ninguém conhece ninguém.

Excesso de adorno externo e escassez de conteúdo interno.

Termos, universos, estruturas, criaturas de alta estirpe e de origem humilde.

Animais, pequenos seres e vegetais... todos fomos criados por uma força divina.

O tempo transforma o poder, riquezas se esvaem na sucessão.

Todas as coisas mudam ou se dissipam, exceto a chama da esperança.

Ofensas e discordâncias, atitudes grosseiras, para onde estás indo?

Não retruquem, nem retornem, o silenciamento exerce maior impacto.

A crença em Deus nos faz lembrar de um anjo sempre alegre, sempre encantador.

A mensagem que toca o coração é: "Tenha paciência, pois Deus está chegando!..."

O otimismo nutrido é o sentimento amoroso que perdura.

Penetrando em nossos espíritos, a luminosidade chamada fé.

CAPÍTULO 1

A Importância da Esperança

Definição de Esperança

A esperança é um sentimento de otimismo e expectativa em relação ao futuro, mesmo em situações desafiadoras. Ela representa a crença na possibilidade de que as coisas podem melhorar, trazendo consigo uma sensação de motivação e resiliência.

Esperança como Força Motivadora

A esperança atua como uma força motivadora, impulsionando as pessoas a persistirem em busca de seus objetivos, mesmo diante de obstáculos aparentemente intransponíveis. Ela é capaz de inspirar ações positivas e de gerar um senso de propósito e direção na vida.

Exemplos Históricos de Esperança

A história está repleta de exemplos de esperança em tempos de adversidade, nos quais indivíduos e comunidades enfrentaram desafios significativos e, mesmo assim, mantiveram viva a chama da esperança. Em movimentos sociais, a esperança foi a força motriz por trás de mudanças significativas na sociedade, impulsionando a luta por justiça, igualdade e liberdade.

Esperança em Tempos de Adversidade

Nos momentos mais sombrios da história, a esperança emergiu como uma luz no fim do túnel, permitindo que as pessoas mantivessem a fé em um futuro melhor, mesmo diante de circunstâncias extremamente desafiadoras. Exemplos como a resistência de indivíduos em campos de concentração durante a Segunda Guerra Mundial demonstram a resiliência que a esperança pode proporcionar em meio à adversidade.

Esperança em Movimentos Sociais

Nos movimentos sociais, a esperança foi a força motriz por trás de mudanças significativas na sociedade, impulsionando a luta por justiça, igualdade e liberdade. Exemplos como o movimento pelos direitos civis nos Estados Unidos e a luta contra o apartheid na África do Sul demonstram como a esperança pode unir pessoas em busca de um objetivo comum, mesmo diante de enormes desafios.

Esperança como Resiliência

A esperança também está intrinsecamente ligada à resiliência, pois permite que as pessoas enfrentem desafios de forma adaptativa, superando obstáculos e se recuperando de situações adversas. Ela promove a capacidade de superar desafios e se adaptar às mudanças, mesmo quando as circunstâncias parecem desfavoráveis.

Capacidade de Superar Desafios

A esperança fortalece a capacidade das pessoas de superar desafios, proporcionando-lhes a determinação necessária para enfrentar obstáculos e seguir em frente, mesmo quando a jornada parece árdua. Ela alimenta a perseverança e a coragem necessárias para lidar com as dificuldades da vida.

Adaptação às Mudanças

Além disso, a esperança promove a capacidade de adaptação às mudanças, permitindo que as pessoas se ajustem a novas circunstâncias e encontrem novos caminhos mesmo diante de situações desafiadoras. Ela oferece a flexibilidade necessária para lidar com a incerteza e a instabilidade.

Benefícios da Esperança

A esperança traz consigo uma série de benefícios, que vão desde o impacto na saúde mental até a influência nas relações interpessoais. Ela desempenha um papel fundamental na promoção do bem-estar e na construção de sociedades mais resilientes e solidárias.

Impacto na Saúde Mental

A esperança exerce um impacto significativo na saúde mental, contribuindo para a redução do estresse e o aumento da resiliência emocional. Ela fortalece a capacidade das pessoas de lidar com os desafios da vida e de manter uma perspectiva positiva, mesmo diante de situações difíceis.

Redução do Estresse

A esperança atua como um antídoto contra o estresse, permitindo que as pessoas enfrentem as pressões do dia a dia com maior equilíbrio emocional e mental. Ela oferece um senso de calma e confiança, mesmo diante de situações estressantes.

Aumento da Resiliência

Além disso, a esperança fortalece a resiliência emocional, permitindo que as pessoas se recuperem de experiências traumáticas e encontrem forças para seguir em frente. Ela promove a capacidade de superar adversidades e de encontrar significado mesmo nas situações mais desafiadoras.

Influência nas Relações Interpessoais

A esperança também exerce influência nas relações interpessoais, fortalecendo os vínculos sociais e promovendo o altruísmo e a solidariedade entre as pessoas. Ela é capaz de unir comunidades em torno de objetivos comuns e de promover um senso de pertencimento e colaboração.

Fortalecimento dos Vínculos Sociais

A presença da esperança fortalece os vínculos sociais, promovendo a união e a cooperação entre as pessoas. Ela cria um ambiente propício para o desenvolvimento de relações saudáveis e significativas, fundamentadas no apoio mútuo e na compreensão.

Promoção do Altruísmo

Além disso, a esperança promove o altruísmo, incentivando as pessoas a se dedicarem ao bem-estar coletivo e a contribuírem para a construção de uma sociedade mais justa e solidária. Ela desperta a compaixão e a empatia, fundamentais para o fortalecimento das relações interpessoais.

Cultivando a Esperança

Para nutrir a esperança em nossas vidas e em nossas comunidades, é fundamental adotar práticas que promovam a sua presença e a sua influência positiva. Cultivar a esperança requer um esforço consciente e a adoção de atitudes e comportamentos que fortaleçam esse sentimento.

Práticas para Nutrir a Esperança

Existem diversas práticas que podem contribuir para o cultivo da esperança, promovendo um estado de espírito positivo e resiliente. A meditação e a reflexão, por exemplo, permitem que as pessoas encontrem momentos de tranquilidade e conexão consigo mesmas, fortalecendo a sua esperança interior.

Meditação e Reflexão

A meditação e a reflexão oferecem espaços para a nutrição da esperança, permitindo que as pessoas encontrem momentos de paz e clareza mental. Elas promovem a conexão consigo mesmas e com aquilo que é mais significativo, fortalecendo a esperança em um futuro melhor.

Exercício da Gratidão

O exercício da gratidão também desempenha um papel fundamental no cultivo da esperança, permitindo que as pessoas reconheçam as bênçãos e as oportunidades presentes em suas vidas, mesmo diante das dificuldades. A prática da gratidão fortalece a perspectiva positiva e alimenta a esperança em um futuro promissor.

Compartilhando a Esperança

Além de cultivar a esperança em nível individual, é importante compartilhá-la com os outros, promovendo uma comunicação positiva e incentivando o apoio mútuo. A partilha da esperança fortalece os laços entre as pessoas e promove um ambiente de confiança e solidariedade.

Comunicação Positiva

A comunicação positiva desempenha um papel fundamental na promoção da esperança, permitindo que as pessoas compartilhem mensagens de otimismo e encorajamento. Ela fortalece a conexão entre as pessoas e promove um ambiente propício para o cultivo da esperança em meio às adversidades.

Incentivo Mútuo

O incentivo mútuo é essencial para fortalecer a esperança em comunidades e sociedades, promovendo um ambiente de apoio e colaboração. Ele permite que as pessoas se unam em torno de objetivos comuns, fortalecendo a sua resiliência e a sua capacidade de enfrentar desafios.

CAPÍTULO 2
Cultivando Afetos Normais
Compreendendo os Afetos
Natureza dos Afetos

Os afetos, ou emoções, desempenham um papel fundamental em nossa vida emocional. Eles podem ser classificados em emoções básicas, como alegria, tristeza, medo, raiva, surpresa e nojo, que são universais e comuns a todas as culturas. Além disso, a expressão de sentimentos é uma forma de comunicação não verbal que nos permite compartilhar nossas emoções com os outros, fortalecendo os laços interpessoais.

Importância dos Afetos

Os afetos exercem um impacto significativo em nossa saúde emocional, influenciando nosso bem-estar psicológico e nossa capacidade de lidar com o estresse e as adversidades da vida. Além disso, eles desempenham um papel crucial em nossas relações interpessoais, moldando a forma como nos conectamos e nos relacionamos com os outros.

Teste Seu Conhecimento

Responda as perguntas a seguir para testar seu conhecimento sobre o tema abordado no capítulo 2.

1. O que são afetos e qual é a sua importância para a saúde emocional?
2. De que forma os afetos influenciam as relações interpessoais?
3. Como os afetos podem impactar a capacidade de lidar com o estresse e as adversidades da vida?

Cultivando Relacionamentos Saudáveis
Autoconhecimento e Autoestima

O autoconhecimento e a autoestima são fundamentais para o cultivo de relacionamentos saudáveis. Ao compreendermos nossas próprias emoções e necessidades, podemos desenvolver uma maior valorização pessoal e um equilíbrio emocional, fatores essenciais para estabelecer conexões interpessoais positivas.

Empatia e Compaixão

A capacidade de compreender e se colocar no lugar do outro, conhecida como empatia, é um pilar fundamental para a construção de relacionamentos saudáveis. Além disso, a prática da compaixão, ou seja, o desejo genuíno de aliviar o sofrimento alheio, promove a solidariedade e o apoio mútuo, fortalecendo os laços interpessoais e contribuindo para um ambiente emocionalmente positivo.

Promovendo o Bem-Estar Coletivo

Construção de Ambientes Positivos

A criação de espaços seguros e acolhedores é essencial para promover o bem-estar coletivo. Ambientes que fomentam a cooperação, a comunicação aberta e o respeito mútuo contribuem para o fortalecimento dos vínculos interpessoais e para a promoção de relações saudáveis.

Contribuição para a Comunidade

O engajamento cívico e a responsabilidade social são formas de promover o bem-estar coletivo. Ao contribuir para a comunidade, participando de iniciativas de apoio e desenvolvimento social, fortalecemos os laços interpessoais e promovemos um ambiente mais saudável e acolhedor para todos.

CAPÍTULO 3

Equilíbrio entre Comer e Pensar

Alimentação Consciente

A alimentação consciente é fundamental para manter o equilíbrio entre corpo e mente. A forma como nos alimentamos tem um impacto direto na nossa cognição e saúde mental. Os alimentos que escolhemos podem influenciar nossa capacidade de concentração, memória e até mesmo nosso humor.

Conexão entre Corpo e Mente

A conexão entre corpo e mente é evidente quando consideramos o impacto dos alimentos na cognição. Estudos mostram que uma dieta rica em nutrientes, como ômega-3, vitaminas do complexo B e antioxidantes, pode contribuir para a melhoria da função cerebral e redução do risco de doenças mentais.

Impacto dos Alimentos na Cognição

Alguns alimentos, como peixes ricos em ômega-3, nozes e sementes, têm sido associados a uma melhoria na função cognitiva. Eles podem ajudar a manter a clareza mental e a agilidade cognitiva, contribuindo para um pensamento mais ágil e eficaz.

Alimentação e Saúde Mental

A alimentação também desempenha um papel crucial na saúde mental. Dietas equilibradas, ricas em frutas, vegetais, grãos integrais e proteínas magras, podem ajudar a reduzir o risco de depressão, ansiedade e outros distúrbios mentais.

Hábitos Alimentares Saudáveis

Além da escolha dos alimentos, a manutenção de hábitos alimentares saudáveis é essencial para o equilíbrio entre comer e pensar. Uma nutrição balanceada e a importância da hidratação são aspectos fundamentais para a saúde física e mental.

Nutrição Balanceada

Uma nutrição balanceada envolve a ingestão adequada de carboidratos, proteínas, gorduras saudáveis, vitaminas e minerais. Esses nutrientes desempenham papéis específicos no funcionamento do corpo e do cérebro, sendo essenciais para a manutenção da saúde e do bem-estar.

Importância da Hidratação

A hidratação adequada é muitas vezes subestimada, mas desempenha um papel crucial na função cognitiva. A desidratação pode levar a sintomas como fadiga, falta de concentração e dores de cabeça, afetando diretamente a capacidade de pensar com clareza.

Leitura Adicional

Equilíbrio entre Comer e Pensar

Alimentação Consciente

Hábitos Alimentares Saudáveis

Importância da Hidratação

A hidratação adequada é muitas vezes subestimada, mas desempenha um papel crucial na função cognitiva. A desidratação pode levar a sintomas como fadiga, falta de concentração e dores de cabeça, afetando diretamente a capacidade de pensar com clareza.

Estímulo Cognitivo

O estímulo cognitivo é outra peça-chave no equilíbrio entre comer e pensar. O exercício mental, a importância do sono e as pausas para recarregar são aspectos fundamentais para manter a mente ativa e saudável.

Exercício Mental

O exercício mental, como a leitura e o aprendizado contínuo, é essencial para manter a mente ágil e estimulada. A leitura, por exemplo, é uma forma de exercitar o cérebro, estimulando a imaginação, a criatividade e a capacidade analítica.

Leitura e Aprendizado

A leitura regular de livros, artigos e outros materiais informativos pode ampliar o conhecimento, promover a reflexão e expandir a compreensão de diferentes assuntos, contribuindo para um pensamento mais crítico e uma mente mais aberta.

Desafios Intelectuais

Além da leitura, a busca por desafios intelectuais, como quebra-cabeças, jogos de estratégia e atividades que estimulem a resolução de problemas, pode fortalecer as conexões neurais e manter a mente ativa e saudável.

Equilíbrio entre Atividade e Descanso

O equilíbrio entre atividade e descanso é crucial para a saúde mental. O sono adequado e as pausas para recarregar são essenciais para a recuperação e o bom funcionamento do cérebro.

Importância do Sono

O sono desempenha um papel fundamental na consolidação da memória, no processamento de informações e na regulação do humor. A privação do sono pode afetar negativamente a capacidade de concentração, a tomada de decisões e a resolução de problemas.

Pausas para Recarregar

Assim como o sono, as pausas para recarregar ao longo do dia são importantes para manter a clareza mental e a produtividade. Momentos de relaxamento e descontração podem ajudar a reduzir o estresse e a fadiga mental, promovendo um equilíbrio saudável entre atividade e descanso.

Integração Corpo e Mente

A integração corpo e mente é essencial para o bem-estar integral. Práticas holísticas, como yoga, meditação e exercícios físicos moderados, podem contribuir significativamente para o equilíbrio emocional e o bem-estar geral.

Práticas Holísticas

As práticas holísticas têm o poder de integrar corpo e mente, promovendo uma sensação de equilíbrio e harmonia. O yoga, por exemplo, combina posturas físicas, técnicas de respiração e meditação, proporcionando benefícios tanto físicos quanto mentais.

Yoga e Meditação

O yoga e a meditação são práticas que podem ajudar a reduzir o estresse, aumentar a flexibilidade, promover a consciência corporal e acalmar a mente. Essas práticas têm sido associadas a uma melhoria na saúde mental e emocional, proporcionando uma sensação de equilíbrio e bem-estar.

Exercícios Físicos Moderados

Além do yoga, a prática de exercícios físicos moderados, como caminhadas, natação ou dança, pode contribuir para a integração corpo e mente. A atividade física regular não apenas fortalece o corpo, mas também promove a liberação de endorfinas, neurotransmissores que estão associados a sentimentos de bem-estar e felicidade.

Mente Sã em Corpo São

O ditado "mente sã em corpo são" ressalta a importância da integração entre corpo e mente para o bem-estar integral. O equilíbrio emocional e o bem-estar geral dependem da harmonia entre os aspectos físicos e mentais da nossa saúde.

Equilíbrio Emocional

O equilíbrio emocional é resultado da integração entre corpo e mente. Cuidar da saúde física, por meio da alimentação e da prática de exercícios, pode ter um impacto positivo na saúde mental, promovendo uma sensação de equilíbrio e bem-estar emocional.

Bem-Estar Integral

O bem-estar integral é o resultado da atenção equilibrada aos aspectos físicos, mentais e emocionais da nossa saúde. Ao integrar corpo e mente, podemos alcançar um estado de equilíbrio e harmonia que contribui para uma vida mais plena e satisfatória.

CAPÍTULO 4
O Poder do Silêncio
Silêncio como Ferramenta de Reflexão
Autoconhecimento e Autorreflexão

O silêncio oferece um espaço valioso para o autoconhecimento e a autorreflexão. Nos momentos de quietude, longe do ruído e da agitação do mundo exterior, encontramos a oportunidade de olhar para dentro de nós mesmos. Esses momentos de introspecção nos permitem analisar nossos pensamentos, emoções e experiências de uma maneira mais profunda e significativa.

Quando nos permitimos desfrutar de momentos de quietude, podemos nos conectar com nossos sentimentos mais íntimos e examinar nossas motivações, desejos e medos. A análise interior facilitada pelo silêncio nos ajuda a compreender melhor quem somos e o que realmente importa em nossas vidas.

Clareza Mental

A redução do ruído mental é uma das grandes contribuições do silêncio para a nossa vida. Em meio ao silêncio, somos capazes de encontrar clareza mental, permitindo-nos focar e concentrar em nossos pensamentos de forma mais eficaz. O silêncio nos oferece um refúgio da sobrecarga sensorial e mental, permitindo que nossas mentes desacelerem e se acalmem.

Com a mente mais clara e focada, somos capazes de tomar decisões com mais discernimento e lidar com desafios de forma mais eficaz. A clareza mental proporcionada pelo silêncio é essencial para o nosso bem-estar emocional e intelectual.

Comunicação Não Verbal

Expressão Silenciosa

O silêncio é uma forma poderosa de comunicação não verbal. Nossos gestos, postura e linguagem corporal podem transmitir uma riqueza de significados sem a necessidade de palavras. A expressão silenciosa nos permite comunicar emoções, intenções e atitudes de uma maneira sutil, mas profundamente impactante.

Quando nos tornamos conscientes da nossa linguagem corporal e gestos, podemos aprimorar nossa capacidade de comunicação não verbal, fortalecendo nossos relacionamentos interpessoais e transmitindo mensagens de forma mais clara e autêntica.

Escuta Ativa

O silêncio também desempenha um papel fundamental na prática da escuta ativa. Ao nos permitirmos ouvir em silêncio, demonstramos atenção plena e abertura para compreender profundamente o que está sendo comunicado. A escuta ativa no silêncio nos permite captar nuances, emoções e significados subjacentes nas palavras e nos gestos do outro.

Compreender profundamente as mensagens que nos são transmitidas é essencial para estabelecer conexões significativas e construir relacionamentos baseados na empatia, compreensão e respeito mútuo.

Leitura Adicional
O Poder do Silêncio
Comunicação Não Verbal
Escuta Ativa

O silêncio também desempenha um papel fundamental na prática da escuta ativa. Ao nos permitirmos ouvir em silêncio, demonstramos atenção plena e abertura para compreender profundamente o que está sendo comunicado. A escuta ativa no silêncio nos permite captar nuances, emoções e significados subjacentes nas palavras e nos gestos do outro.

Compreender profundamente as mensagens que nos são transmitidas é essencial para estabelecer conexões significativas e construir relacionamentos baseados na empatia, compreensão e respeito mútuo.

Pausas Significativas
Recarregando as Energias

O silêncio oferece oportunidades valiosas para recarregar nossas energias físicas, mentais e emocionais. Nos momentos de descanso e relaxamento em meio ao silêncio, somos capazes de renovar nossas forças e restaurar o equilíbrio interior. O descanso no silêncio nos permite aliviar o estresse e a tensão acumulados, promovendo uma sensação de renovação e bem-estar.

Essas pausas significativas são essenciais para a nossa saúde e vitalidade, permitindo-nos enfrentar os desafios do dia a dia com mais resiliência e clareza mental.

Equilíbrio na Comunicação

Além de oferecer momentos de silêncio para recarregar, o equilíbrio na comunicação inclui a valorização dos espaços de silêncio durante as interações. Permitir pausas e momentos de silêncio durante as conversas promove uma comunicação mais reflexiva e profunda. Esses momentos de silêncio oferecem tempo para processar informações, refletir sobre o que foi dito e formular respostas mais significativas.

O equilíbrio na comunicação, que inclui o respeito pelos espaços de silêncio, fortalece a qualidade das interações e promove uma conexão mais autêntica entre as pessoas.

CAPÍTULO 5

Coragem e Paciência

Compreendendo a Coragem

Natureza da Coragem

A coragem é uma qualidade que reside no âmago de cada indivíduo, manifestando-se como uma força interior capaz de impulsionar a superação de desafios e adversidades. Ela é a chama que alimenta a resiliência e a determinação, permitindo que as pessoas enfrentem situações difíceis com bravura e firmeza.

Coragem no Cotidiano

No dia a dia, a coragem se revela nas pequenas e grandes batalhas que cada pessoa enfrenta. Desde a tomada de decisões importantes até o enfrentamento de obstáculos inesperados, a coragem é essencial para navegar pelas águas turbulentas da vida com determinação e esperança.

A Importância da Paciência

Controle Emocional

A paciência é um exercício de equilíbrio interior, que demanda controle emocional e a capacidade de tolerar as incertezas e dificuldades. Ela é a âncora que sustenta a resiliência e fortalece a capacidade de enfrentar os desafios com serenidade e firmeza.

Paciência como Virtude

A paciência é mais do que uma mera espera passiva. Ela é uma virtude ativa, que envolve a aceitação do tempo necessário para o amadurecimento das situações e a compreensão de que nem tudo está sob nosso controle. É a capacidade de aguardar com serenidade e confiança no desenrolar dos acontecimentos.

Coragem e Paciência
A Importância da Paciência
Paciência como Virtude

A paciência é mais do que uma mera espera passiva. Ela é uma virtude ativa, que envolve a aceitação do tempo necessário para o amadurecimento das situações e a compreensão de que nem tudo está sob nosso controle. É a capacidade de aguardar com serenidade e confiança no desenrolar dos acontecimentos.

Teste Seu Conhecimento

1. O que é paciência?

   1. Uma espera passiva
   2. Uma virtude ativa
   3. Um descontrole emocional

2. Qual a importância da paciência?

   - Permite o amadurecimento das situações
   - Proporciona controle total sobre os acontecimentos
   - Não tem importância

3. Como a paciência é definida?

   1. Capacidade de agir impulsivamente
   2. Capacidade de aguardar com serenidade e confiança
   3. Capacidade de controlar o tempo

Equilíbrio entre Coragem e Paciência

Momentos de Ação e de Espera

O equilíbrio entre coragem e paciência se revela nos momentos de discernimento, nos quais é necessário avaliar a melhor abordagem para lidar com as circunstâncias. É a combinação entre a persistência ativa e a tranquilidade serena, que permite agir com determinação e ao mesmo tempo aguardar com paciência o desdobramento dos eventos.

Autoconfiança e Serenidade

Esse equilíbrio também se manifesta na autoconfiança que nutre a coragem e na serenidade que sustenta a paciência. É a confiança interior que fortalece a capacidade de agir com determinação, aliada à serenidade que permite enfrentar as incertezas com equilíbrio emocional e esperança.

CAPÍTULO 6
Sabedoria e Perigo
Busca pela Sabedoria

A busca pela sabedoria é uma jornada que envolve a aquisição de conhecimento e a compreensão profunda da vida. A sabedoria não é apenas o resultado do estudo e do aprendizado, mas também da experiência e vivência. Através do estudo e da busca ativa por conhecimento, podemos expandir nossa compreensão do mundo e das pessoas ao nosso redor. A sabedoria também envolve a responsabilidade do uso consciente do conhecimento adquirido, bem como a prática da ética e integridade em todas as nossas ações.

Aquisição de Conhecimento

O processo de aquisição de conhecimento é fundamental para o desenvolvimento da sabedoria. Através do estudo e do aprendizado contínuo, somos capazes de ampliar nossa compreensão do mundo e adquirir novas habilidades. O estudo nos permite explorar diferentes áreas do conhecimento, enquanto o aprendizado nos desafia a expandir nossos horizontes e a questionar nossas próprias crenças e suposições.

Além do estudo acadêmico, a vivência e a experiência prática também desempenham um papel crucial na aquisição de conhecimento. Através das experiências da vida, somos confrontados com desafios e situações que nos ensinam lições valiosas. A combinação entre o estudo e a vivência nos permite desenvolver uma compreensão mais profunda e holística do mundo ao nosso redor.

Responsabilidade da Sabedoria

A sabedoria traz consigo a responsabilidade do uso consciente do conhecimento adquirido. Aqueles que buscam a sabedoria devem estar cientes do impacto de suas ações e decisões, utilizando o conhecimento de forma ética e íntegra. A responsabilidade da sabedoria também se estende à prática da ética e integridade em todas as áreas da vida, promovendo relações saudáveis e contribuindo para o bem-estar coletivo.

Perigos da Ignorância

A ignorância, por sua vez, representa um perigo em potencial, pois está associada a uma falta de conhecimento e compreensão. Os riscos da ignorância incluem a propensão a erros e equívocos, bem como a ocorrência de consequências negativas decorrentes da falta de compreensão. Além disso, a falsa sabedoria, caracterizada pela arrogância intelectual e pelos preconceitos, também representa um perigo, pois pode levar a suposições equivocadas e ações prejudiciais.

Riscos da Falta de Conhecimento

A falta de conhecimento pode resultar em erros e equívocos, pois as decisões e ações baseadas na ignorância tendem a ser mal informadas e desprovidas de uma compreensão profunda da situação. Isso pode levar a consequências negativas, tanto a nível individual quanto coletivo, impactando a qualidade de vida e o bem-estar das pessoas.

Além disso, a ignorância pode contribuir para a propagação de preconceitos e estereótipos, alimentando a divisão e o conflito entre as pessoas. A falta de conhecimento pode levar a interpretações distorcidas da realidade, prejudicando a convivência pacífica e a compreensão mútua.

Enganos da Falsa Sabedoria

A falsa sabedoria, caracterizada pela arrogância intelectual e pelos preconceitos, representa um perigo, pois pode levar a suposições equivocadas e ações prejudiciais. Aqueles que se consideram detentores de uma sabedoria superior podem cair na armadilha da arrogância intelectual, fechando-se para novas perspectivas e desconsiderando a contribuição de outros indivíduos.

Além disso, a falsa sabedoria pode alimentar preconceitos e estereótipos, levando a julgamentos precipitados e discriminação. A falta de humildade e a incapacidade de reconhecer as próprias limitações podem resultar em decisões equivocadas e ações prejudiciais, minando a busca pela verdadeira sabedoria.

Retrato Biográfico
Sabedoria e Perigo
Perigos da Ignorância
Enganos da Falsa Sabedoria

A falsa sabedoria, caracterizada pela arrogância intelectual e pelos preconceitos, representa um perigo, pois pode levar a suposições equivocadas e ações prejudiciais. Aqueles que se consideram detentores de uma sabedoria superior podem cair na armadilha da arrogância intelectual, fechando-se para novas perspectivas e desconsiderando a contribuição de outros indivíduos.

Além disso, a falsa sabedoria pode alimentar preconceitos e estereótipos, levando a julgamentos precipitados e discriminação. A falta de humildade e a incapacidade de reconhecer as próprias limitações podem resultar em decisões equivocadas e ações prejudiciais, minando a busca pela verdadeira sabedoria.

Equilíbrio entre Sabedoria e Perigo

O equilíbrio entre sabedoria e perigo requer discernimento e prudência na aplicação do conhecimento adquirido. A análise crítica das informações disponíveis e a cautela na tomada de decisões são essenciais para evitar os riscos associados à ignorância e à falsa sabedoria. Além disso, a humildade e a consciência das próprias limitações promovem um aprendizado contínuo e uma busca constante pela verdadeira sabedoria.

Discernimento e Prudência

O discernimento e a prudência são fundamentais para o equilíbrio entre sabedoria e perigo. A capacidade de realizar uma análise crítica das informações disponíveis, questionar suposições e considerar diferentes perspectivas contribui para a tomada de decisões informadas e conscientes. Além disso, a prudência na aplicação do conhecimento adquirido ajuda a evitar os riscos associados à ignorância e à falsa sabedoria.

A cautela e a prevenção também desempenham um papel crucial na busca pela sabedoria, pois permitem a consideração cuidadosa das consequências de nossas ações e decisões. Ao agir com discernimento e prudência, podemos minimizar os perigos associados à ignorância e à falsa sabedoria, promovendo relações saudáveis e contribuindo para o bem-estar coletivo.

Humildade e Consciência

A humildade e a consciência das próprias limitações são essenciais para a busca pela verdadeira sabedoria. Reconhecer que o conhecimento é um processo contínuo e que sempre há mais a aprender nos permite cultivar uma mentalidade aberta e receptiva. A humildade nos impede de cair na armadilha da arrogância intelectual e nos encoraja a considerar as contribuições de outros indivíduos, enriquecendo nossa compreensão do mundo.

Além disso, a consciência das próprias limitações nos motiva a buscar o aprendizado contínuo, reconhecendo que a verdadeira sabedoria não é um destino final, mas sim uma jornada de crescimento e descoberta. Ao manter a humildade e a consciência, podemos equilibrar a busca pela sabedoria com a prevenção dos perigos associados à ignorância e à falsa sabedoria.

CAPÍTULO 7
A Humanidade e o Desconhecido
Explorando o Desconhecido

A curiosidade humana é o motor que impulsiona a exploração do desconhecido. A busca pelo novo, pelo inexplorado, é uma característica intrínseca à natureza humana. A exploração do desconhecido não se restringe apenas a descobertas geográficas ou científicas, mas também se estende ao campo do conhecimento, da cultura e das relações interpessoais.

Curiosidade e Descoberta

A curiosidade é o ímpeto inicial que nos leva a explorar o desconhecido. Ela nos impulsiona a questionar, a buscar respostas e a ampliar nossos horizontes. A descoberta do novo, seja ele um conceito, uma ideia, um lugar ou uma experiência, enriquece nossa compreensão do mundo e nos desafia a crescer.

Exploração do Novo

A exploração do novo nos leva a expandir nossos limites, a romper barreiras e a transcender fronteiras. Ela nos convida a sair da zona de conforto, a enfrentar desafios e a abraçar o desconhecido com coragem e determinação.

Aprendizado e Expansão

Cada descoberta, por menor que seja, representa uma oportunidade de aprendizado e expansão. Através da exploração do desconhecido, adquirimos novos conhecimentos, desenvolvemos novas habilidades e ampliamos nossa visão de mundo.

Desafios do Desconhecido

Embora a exploração do desconhecido seja enriquecedora, ela também apresenta desafios. A incerteza e a insegurança que acompanham o desconhecido podem gerar dúvidas e receios. No entanto, é justamente nesse terreno de incertezas que surgem as oportunidades de crescimento e transformação.

Incerteza e Insegurança

A incerteza em relação ao desconhecido pode despertar sentimentos de insegurança e desconforto. A ausência de familiaridade e previsibilidade pode gerar ansiedade e apreensão, desafiando-nos a lidar com a ambiguidade e a incerteza.

Riscos e Oportunidades

Explorar o desconhecido envolve a avaliação de riscos e oportunidades. A disposição para enfrentar desafios e a capacidade de enxergar possibilidades positivas no desconhecido são fundamentais para transformar a incerteza em oportunidade de crescimento.

Conexão com o Desconhecido

A conexão com o desconhecido envolve a capacidade de estabelecer vínculos significativos com aquilo que está além do nosso conhecimento atual. Essa conexão pode se manifestar através da empatia, do respeito e da tolerância em relação ao que é estranho ou diferente.

Empatia e Compreensão

A empatia nos permite compreender e compartilhar os sentimentos e experiências daqueles que estão imersos no desconhecido. Ela nos capacita a aceitar e acolher as diferenças, promovendo a conexão e a solidariedade.

Aceitação das Diferenças

A aceitação das diferenças é essencial para estabelecer uma conexão autêntica com o desconhecido. Ao reconhecer e respeitar a diversidade, abrimos espaço para a compreensão mútua e para a construção de pontes entre culturas, crenças e perspectivas distintas.

Empatia e Solidariedade

A empatia e a solidariedade são pilares fundamentais para a conexão com o desconhecido. Ao nos colocarmos no lugar do outro e ao estendermos a mão em apoio, fortalecemos os laços humanos e promovemos a união em meio à diversidade.

Respeito e Tolerância

O respeito e a tolerância são essenciais para estabelecer uma convivência pacífica e harmoniosa com o desconhecido. Ao reconhecer a validade das diferentes perspectivas e ao cultivar a tolerância, construímos pontes de entendimento e promovemos a coexistência pacífica.

Convivência Pacífica

A convivência pacífica com o desconhecido requer a disposição para dialogar, a abertura para aprender e a disposição para reconhecer a dignidade e os direitos de todos, independentemente de suas origens ou crenças.

Diálogo e Compreensão

O diálogo e a compreensão mútua são fundamentais para promover o respeito e a tolerância em relação ao desconhecido. Através do diálogo aberto e da busca por entendimento, podemos construir pontes de conexão e promover a harmonia entre diferentes realidades.

Você Sabia?

A Humanidade e o Desconhecido

Conexão com o Desconhecido

Respeito e Tolerância

O diálogo e a compreensão mútua são fundamentais para promover o respeito e a tolerância em relação ao desconhecido. Através do diálogo aberto e da busca por entendimento, podemos construir pontes de conexão e promover a harmonia entre diferentes realidades.

Equilíbrio entre Humanidade e Desconhecido

O equilíbrio entre a humanidade e o desconhecido reside na capacidade de adaptar-se, de aprender e de crescer diante das novas experiências e desafios. Esse equilíbrio também envolve a jornada de autoconhecimento e autodescoberta, que nos permite integrar o desconhecido em nossa jornada pessoal.

Adaptação e Resiliência

A adaptação e a resiliência são habilidades essenciais para lidar com o desconhecido. A flexibilidade e a capacidade de ajuste nos permitem enfrentar as mudanças e os desafios com coragem e determinação, promovendo a nossa capacidade de superação e crescimento.

Flexibilidade

A flexibilidade nos permite fluir diante das incertezas e das mudanças, adaptando-nos às novas circunstâncias e abraçando as oportunidades que surgem no caminho do desconhecido.

Capacidade de Ajuste

A capacidade de ajuste nos capacita a encontrar novas formas de lidar com as situações desconhecidas, promovendo a nossa capacidade de inovação e de superação de obstáculos.

Autoconhecimento e Autodescoberta

A jornada de autoconhecimento e autodescoberta nos permite integrar as experiências do desconhecido em nossa própria jornada pessoal. Ao compreender nossas próprias limitações e potenciais, podemos abraçar o desconhecido com serenidade e confiança.

Exploração Interna

A exploração interna nos convida a mergulhar em nosso mundo interior, a compreender nossas motivações, medos e anseios, promovendo a nossa capacidade de lidar com o desconhecido de forma consciente e equilibrada.

Desenvolvimento Pessoal

O desenvolvimento pessoal que advém da jornada de autoconhecimento nos fortalece diante das incertezas do desconhecido, promovendo a nossa capacidade de enfrentar desafios e de abraçar as oportunidades de crescimento e transformação.

CAPÍTULO 8
Equilíbrio entre o Supérfluo e o Essencial
Identificando o Supérfluo
Consumismo e Excesso

O consumismo e o excesso são características marcantes da sociedade contemporânea. O constante apelo ao consumo e a busca desenfreada por mais bens materiais muitas vezes levam ao apego material e ao desperdício. O indivíduo se vê envolvido em um ciclo de aquisição e acumulação, muitas vezes sem considerar as reais necessidades.

O apego material, por sua vez, pode gerar uma dependência emocional dos objetos, levando a uma sensação de vazio e insatisfação quando as necessidades materiais não são atendidas. Além disso, o desperdício e o acúmulo de bens podem impactar negativamente o meio ambiente, contribuindo para questões ambientais e sociais.

Impactos do Supérfluo

Os impactos do supérfluo vão além do aspecto individual, atingindo também o bem-estar e a satisfação pessoal. O excesso de bens materiais nem sempre se traduz em felicidade genuína, podendo, muitas vezes, gerar ansiedade, estresse e insatisfação. Além disso, o consumismo desenfreado pode contribuir para a desigualdade social e a degradação do meio ambiente, impactando negativamente a sociedade como um todo.

Pense e Reflita
Identificando o Supérfluo
Impactos do Supérfluo

Os impactos do supérfluo vão além do aspecto individual, atingindo também o bem-estar e a satisfação pessoal. O excesso de bens materiais nem sempre se traduz em felicidade genuína, podendo, muitas vezes, gerar ansiedade, estresse e insatisfação. Além disso, o consumismo desenfreado pode contribuir para a desigualdade social e a degradação do meio ambiente, impactando negativamente a sociedade como um todo.

Valorizando o Essencial
Simplicidade e Satisfação

A busca pela simplicidade e satisfação está relacionada ao desapego consciente e à valorização do básico. Ao reconhecer o que é essencial para uma vida plena e significativa, o indivíduo pode encontrar satisfação em experiências e relações genuínas, em vez de buscar a felicidade apenas na posse de bens materiais. O desapego consciente permite uma maior liberdade e leveza, promovendo um estado de contentamento e gratidão.

Valorizar o básico também está associado à apreciação das pequenas coisas da vida, reconhecendo a beleza nas experiências cotidianas e nas relações interpessoais. Ao adotar uma postura de simplicidade, o indivíduo pode encontrar equilíbrio e harmonia em sua jornada.

Impactos do Essencial

O reconhecimento e a valoração do essencial têm o potencial de promover equilíbrio e bem-estar. Ao priorizar o que realmente importa, o indivíduo pode experimentar uma sensação de plenitude e realização, independentemente de posses materiais. Além disso, a busca pela simplicidade pode contribuir para a preservação do meio ambiente e para a promoção de relações mais igualitárias e saudáveis na sociedade.

Equilíbrio entre Supérfluo e Essencial
Consciência e Escolhas

O equilíbrio entre o supérfluo e o essencial requer consciência e reflexão sobre as escolhas individuais. É fundamental avaliar as reais necessidades e prioridades, buscando direcionar recursos e energia para aquilo que agrega valor genuíno à vida. A reflexão sobre o impacto das escolhas no meio ambiente, na sociedade e no bem-estar pessoal é essencial para a tomada de decisões conscientes.

Priorizar e focar nas experiências e relações significativas, em detrimento do acúmulo de bens materiais, pode contribuir para um estilo de vida mais equilibrado e satisfatório. A prática da gratidão e do contentamento com o que se tem no presente também é fundamental para alcançar esse equilíbrio.

Gratidão e Contentamento

A apreciação do presente e o contentamento com o suficiente são pilares fundamentais para o equilíbrio entre o supérfluo e o essencial. A prática da gratidão permite reconhecer e valorizar as bênçãos presentes na vida, promovendo um estado de contentamento e plenitude. Ao cultivar a gratidão, o indivíduo desenvolve uma perspectiva mais positiva e consciente, encontrando satisfação no que é essencial e significativo.

O contentamento com o suficiente, por sua vez, está relacionado à busca por uma vida equilibrada, onde as necessidades básicas são atendidas sem excessos. Essa postura promove um estado de harmonia e bem-estar, permitindo ao indivíduo viver de forma mais consciente e alinhada com seus valores e propósitos.

CAPÍTULO 9

A Unidade da Criação

Interconexão de Todos os Seres

A interconexão de todos os seres é um princípio fundamental que permeia a natureza e a vida em nosso planeta. Os ecossistemas e as relações entre os seres vivos demonstram a complexa teia de interdependência e os ciclos naturais que sustentam a vida.

Ecossistemas e Relações

Os ecossistemas são sistemas complexos nos quais os seres vivos interagem entre si e com o ambiente físico. Dentro desses ecossistemas, a interdependência é evidente, pois cada organismo desempenha um papel crucial na manutenção do equilíbrio e na sustentação da vida.

Interdependência

A interdependência entre as espécies é essencial para a sobrevivência e o funcionamento saudável dos ecossistemas. Cada organismo, desde as pequenas bactérias até os grandes mamíferos, contribui de alguma forma para o equilíbrio ecológico, mostrando como todos estão conectados em uma teia de vida interligada.

Ciclos Naturais

Os ciclos naturais, como o ciclo da água, o ciclo do carbono e o ciclo do nitrogênio, ilustram a interconexão e a reciclagem de recursos essenciais para a vida. Esses ciclos demonstram como a natureza opera em harmonia, reutilizando e redistribuindo elementos vitais para o sustento da vida.

Impacto das Ações Humanas

As ações humanas têm um impacto significativo na interconexão de todos os seres. A busca pela sustentabilidade e preservação torna-se crucial para mitigar os efeitos negativos e promover um equilíbrio ambiental saudável.

Sustentabilidade e Preservação

A busca pela sustentabilidade visa garantir que as gerações futuras tenham acesso aos recursos naturais de que necessitam. A preservação dos ecossistemas e a promoção de práticas sustentáveis são essenciais para manter a interconexão e a harmonia entre todos os seres vivos.

Consequências Ambientais

O impacto das ações humanas pode resultar em consequências ambientais negativas, como a perda de biodiversidade, a degradação dos ecossistemas e as mudanças climáticas. Compreender e mitigar essas consequências é fundamental para proteger a interconexão de todos os seres.

Leitura Adicional

A Unidade da Criação

Interconexão de Todos os Seres

Impacto das Ações Humanas

O impacto das ações humanas pode resultar em consequências ambientais negativas, como a perda de biodiversidade, a degradação dos ecossistemas e as mudanças climáticas. Compreender e mitigar essas consequências é fundamental para proteger a interconexão de todos os seres.

Diversidade e Harmonia

A diversidade de culturas, tradições e biodiversidade contribui para a riqueza e a harmonia do nosso planeta. Valorizar essa pluralidade e promover o equilíbrio e a coexistência entre todas as formas de vida é essencial para a preservação da interconexão de todos os seres.

Valorização da Pluralidade

A diversidade cultural e a preservação das tradições enriquecem a experiência humana, promovendo a compreensão mútua e o respeito pela singularidade de cada povo e comunidade. Da mesma forma, a biodiversidade nos ecossistemas é fundamental para a saúde e a resiliência dos sistemas naturais.

Culturas e Tradições

As culturas e tradições representam a expressão única de cada sociedade, transmitindo conhecimentos, valores e práticas que enriquecem a diversidade humana. A preservação dessas culturas é essencial para manter a riqueza da interconexão global.

Biodiversidade

A biodiversidade, que engloba a variedade de espécies e ecossistemas, é fundamental para a estabilidade e a resiliência dos sistemas naturais. Cada forma de vida desempenha um papel único na manutenção do equilíbrio e na promoção da harmonia ambiental.

Equilíbrio e Coexistência

O respeito mútuo e a convivência pacífica entre todas as formas de vida são essenciais para promover a harmonia e a interconexão de todos os seres. A busca por equilíbrio e coexistência é fundamental para garantir a preservação da diversidade e a sustentabilidade do planeta.

Respeito Mútuo

O respeito mútuo entre as diferentes culturas, tradições e formas de vida é fundamental para promover a convivência pacífica e a valorização da diversidade. A compreensão e a tolerância são pilares para a harmonia global.

Convivência Pacífica

A convivência pacífica entre todas as formas de vida, sejam elas humanas, animais ou vegetais, é essencial para promover a interconexão e a harmonia do planeta. A busca por equilíbrio e coexistência é um compromisso de todos os seres.

Responsabilidade e Cuidado

A responsabilidade e o cuidado com o meio ambiente e todas as formas de vida são fundamentais para preservar a interconexão de todos os seres. A conservação ambiental, o bem-estar animal e o engajamento comunitário são pilares para garantir um futuro sustentável para o planeta.

Preservação e Proteção

A preservação dos ecossistemas e a proteção da biodiversidade são alicerces para a interconexão de todos os seres. A conservação ambiental e o bem-estar animal são responsabilidades compartilhadas por toda a humanidade.

Conservação Ambiental

A conservação dos recursos naturais, a redução do impacto ambiental e a promoção de práticas sustentáveis são essenciais para preservar a interconexão e a harmonia do planeta. Cuidar do meio ambiente é um compromisso de todos.

Bem-Estar Animal

O respeito e o cuidado com os animais são fundamentais para garantir a interconexão e a harmonia de todos os seres vivos. Promover o bem-estar animal é uma responsabilidade compartilhada por toda a sociedade.

Consciência e Compromisso

A conscientização sobre as questões ambientais e o engajamento comunitário são essenciais para promover a interconexão de todos os seres. O compromisso com a preservação do planeta é uma responsabilidade coletiva que requer ação e colaboração.

Educação Ambiental

A educação ambiental desempenha um papel crucial na conscientização e no engajamento da sociedade em prol da preservação da interconexão de todos os seres. Promover a educação ambiental é investir no futuro sustentável do planeta.

Engajamento Comunitário

O engajamento comunitário em iniciativas de preservação ambiental e promoção da interconexão de todos os seres é fundamental para garantir um futuro sustentável. A colaboração e a ação coletiva são essenciais para promover a harmonia global.

CAPÍTULO 10
A Permanência da Esperança
Resiliência e Força Interior
Superando Adversidades

A esperança é a chama que persiste mesmo nos momentos mais sombrios. A capacidade de superar adversidades, de persistir e demonstrar determinação, é um testemunho da força interior que a esperança proporciona. Quando enfrentamos desafios aparentemente insuperáveis, é a esperança que nos impulsiona a continuar, a persistir e a encontrar soluções mesmo nas situações mais difíceis. A persistência e a determinação são características fundamentais da resiliência, e são nutridas pela luz da esperança.

O crescimento pessoal muitas vezes surge das adversidades que enfrentamos. É nos momentos de dificuldade que descobrimos nossa verdadeira força interior. A esperança nos capacita a enfrentar esses desafios, a aprender com eles e a emergir mais fortes e mais sábios. Através da esperança, encontramos a coragem de persistir, a determinação de seguir em frente e a resiliência para nos adaptar e crescer diante das adversidades.

Inspiração e Motivação

Exemplos de esperança ao nosso redor podem nos inspirar e motivar, fortalecendo nossa própria esperança em tempos difíceis. Ao testemunhar as conquistas e superações de outras pessoas, somos lembrados do poder da esperança e da resiliência humana. Esses exemplos nos mostram que é possível superar desafios, encontrar a luz no fim do túnel e emergir mais fortes do que éramos antes.

Compartilhar experiências de esperança também é uma fonte de inspiração e motivação. Ao ouvir as histórias de superação e resiliência de outras pessoas, somos lembrados de que não estamos sozinhos em nossas lutas. A empatia e o apoio mútuo fortalecem nossa própria esperança e nos motivam a continuar avançando, mesmo quando os desafios parecem esmagadores.

Você Sabia?

A esperança é uma força poderosa que pode nos ajudar a superar desafios e encontrar a luz em tempos difíceis. Ela nos inspira a continuar avançando, mesmo quando as circunstâncias parecem desanimadoras.

Compartilhar experiências de esperança e resiliência pode fortalecer nossa própria esperança e motivar-nos a enfrentar os desafios com coragem e determinação.

Cultivo da Esperança

Mente Positiva e Esperançosa

Uma mente positiva e esperançosa é um terreno fértil para a esperança florescer. Cultivar um pensamento construtivo, focado no potencial de um desfecho positivo, fortalece a esperança em nossos corações. Ao adotar uma atitude positiva diante das circunstâncias, somos capazes de nutrir e sustentar a chama da esperança, mesmo nos momentos mais desafiadores.

A atitude positiva não nega a realidade das dificuldades que enfrentamos, mas sim nos capacita a enfrentá-las com coragem e determinação. É a crença no potencial de um futuro melhor que nos impulsiona a perseverar, a buscar soluções e a manter viva a esperança, independentemente das circunstâncias que nos cercam.

Práticas de Esperança

A gratidão e a apreciação são práticas poderosas que nutrem a esperança em nossas vidas. Ao reconhecer e valorizar as bênçãos e as pequenas alegrias que encontramos no dia a dia, fortalecemos nossa capacidade de esperar e acreditar em um futuro melhor. A visualização e a manifestação também são práticas que nos permitem direcionar nossa energia e intenção para a realização de nossos sonhos e aspirações, alimentando a esperança em nossos corações.

Ao praticar a gratidão, a apreciação, a visualização e a manifestação, estamos cultivando ativamente a esperança em nossas vidas. Essas práticas nos permitem manter viva a chama da esperança, mesmo nos momentos mais desafiadores, e nos capacitam a perseverar em direção aos nossos objetivos e sonhos.

Compartilhando Esperança

Empatia e Apoio

A solidariedade e a compaixão são expressões tangíveis da esperança em ação. Ao estender a mão para aqueles que estão enfrentando dificuldades, ao oferecer apoio e compreensão, estamos compartilhando a luz da esperança com aqueles que mais precisam. A rede de apoio que criamos ao nosso redor fortalece a esperança coletiva e nos capacita a enfrentar desafios juntos, como uma comunidade unida.

A empatia e o apoio mútuo são pilares fundamentais da esperança compartilhada. Ao reconhecer e validar as experiências e emoções dos outros, ao oferecer um ombro amigo e um ouvido atento, estamos fortalecendo a esperança em nossas comunidades e promovendo a resiliência e o bem-estar coletivo.

Inspirando Outros

A liderança inspiradora e a influência positiva são formas poderosas de compartilhar a esperança com os outros. Ao demonstrar coragem, resiliência e determinação em face das adversidades, inspiramos aqueles ao nosso redor a fazer o mesmo. Nossas ações e palavras têm o poder de nutrir a esperança nos corações daqueles que nos cercam, capacitando-os a enfrentar desafios com coragem e determinação.

A influência positiva que exercemos sobre os outros é uma manifestação tangível da esperança em ação. Ao inspirar e motivar aqueles ao nosso redor, estamos contribuindo para a construção de uma comunidade mais resiliente, esperançosa e unida, onde a luz da esperança brilha de forma inabalável e eterna.

CAPÍTULO 11
O Poder do Silêncio II
Silêncio Interior
Paz e Tranquilidade

O silêncio interior é um refúgio de paz e tranquilidade, um espaço onde podemos nos reconectar conosco mesmos. É nesse silêncio que encontramos a oportunidade de explorar nosso mundo interior, buscando autoconhecimento e equilíbrio emocional.

Na quietude do silêncio, somos convidados a mergulhar em nossa essência, a compreender nossos pensamentos e sentimentos mais profundos. É um momento de introspecção que nos permite encontrar a serenidade necessária para lidar com as demandas do dia a dia.

Reflexão e Contemplação

Ao nos permitirmos o silêncio interior, abrimos espaço para a reflexão e a contemplação. Nesse estado de quietude, nossa mente encontra clareza, permitindo-nos analisar nossas experiências, desafios e aspirações com uma perspectiva renovada.

Além disso, o silêncio interior nos possibilita uma conexão espiritual mais profunda, independentemente de crenças religiosas. É um momento de comunhão com nossa essência espiritual, proporcionando-nos um senso de propósito e significado em nossas vidas.

Leitura Adicional
O Poder do Silêncio II
Silêncio Interior
Reflexão e Contemplação

Ao nos permitirmos o silêncio interior, abrimos espaço para a reflexão e a contemplação. Nesse estado de quietude, nossa mente encontra clareza, permitindo-nos analisar nossas experiências, desafios e aspirações com uma perspectiva renovada.

Além disso, o silêncio interior nos possibilita uma conexão espiritual mais profunda, independentemente de crenças religiosas. É um momento de comunhão com nossa essência espiritual, proporcionando-nos um senso de propósito e significado em nossas vidas.

Silêncio na Comunicação
Escuta Ativa

A prática da escuta ativa é enriquecida pelo silêncio. Quando nos permitimos ouvir em silêncio, demonstramos empatia e compreensão, oferecendo ao interlocutor a oportunidade de se expressar livremente. O silêncio durante a escuta ativa transmite respeito e consideração, fortalecendo os laços interpessoais.

Comunicação Não-Verbal

A linguagem corporal e a linguagem gestual são formas poderosas de comunicação não verbal que se beneficiam do silêncio. Expressões faciais, gestos e postura ganham destaque quando acompanhados por momentos de silêncio, transmitindo mensagens claras e profundas sem a necessidade de palavras.

Silêncio na Ação
Pausas e Intervalos

Introduzir pausas e intervalos de silêncio em nossas atividades diárias é essencial para o descanso e a recuperação. O silêncio proporciona um ambiente propício para restaurar o equilíbrio e o ritmo, permitindo-nos enfrentar nossas tarefas com maior clareza mental e foco.

Meditação e Quietude

A prática da meditação e da busca pela quietude nos conduz a um estado de centramento e foco. O silêncio interno e externo se entrelaçam, proporcionando-nos uma sensação de paz interior que permeia todas as áreas de nossa vida.

CAPÍTULO 12
Resistindo às Mudanças do Tempo
Adaptação e Flexibilidade
Resiliência diante das Mudanças

A vida é repleta de mudanças, e a capacidade de se adaptar a essas mudanças é essencial para a nossa resiliência. Aceitar e se adaptar às mudanças nos permite crescer e evoluir, mesmo diante das situações mais desafiadoras. A resiliência nos dá a força necessária para enfrentar as adversidades e encontrar novos caminhos.

Quando nos deparamos com mudanças inesperadas, a aceitação e a adaptação se tornam fundamentais. Ao reconhecer a realidade da mudança e buscar maneiras de nos ajustar a ela, desenvolvemos uma maior capacidade de lidar com os desafios que surgem em nosso caminho. A resiliência diante das mudanças nos permite encontrar oportunidades de crescimento e evolução, mesmo nos momentos mais difíceis.

Mudança como Oportunidade

Em meio às mudanças, encontramos oportunidades para inovação e criatividade. A capacidade de enxergar a mudança como uma oportunidade nos permite explorar novos caminhos e buscar soluções inovadoras para os desafios que enfrentamos. A mudança nos convida a pensar de forma criativa e a buscar novas perspectivas, possibilitando o desenvolvimento de novas abordagens e a descoberta de novas possibilidades.

Ao abraçar a mudança como uma oportunidade, somos capazes de cultivar a inovação em nossas vidas e em nossas comunidades. A criatividade floresce quando estamos abertos a novas ideias e novos caminhos, e a mudança nos desafia a explorar essas oportunidades de crescimento e evolução.

Permanência e Continuidade
Tradição e Herança Cultural

Em meio às mudanças, a preservação da identidade e a valorização da história se tornam fundamentais. As tradições e a herança cultural nos conectam ao nosso passado e nos ajudam a manter viva a essência da nossa identidade. Ao preservar as tradições e valorizar a herança cultural, garantimos a continuidade de valores e práticas que são fundamentais para a nossa sociedade.

A preservação da identidade cultural nos permite honrar as gerações passadas e transmitir esses valores e práticas para as gerações futuras. Valorizar a história e as tradições é essencial para manter viva a riqueza da diversidade cultural e para fortalecer os laços que nos unem como comunidade.

Raízes e Fundamentos

Em meio às mudanças, os valores permanentes e os princípios inabaláveis se tornam a base que nos sustenta. As raízes e fundamentos que nos guiam são essenciais para nos mantermos firmes diante das adversidades e incertezas. Ao ancorar-nos em valores sólidos e princípios inabaláveis, encontramos a força necessária para resistir às tempestades da vida.

Ao reconhecer a importância dos valores permanentes e dos princípios inabaláveis, fortalecemos a nossa capacidade de resistir às mudanças do tempo. Esses alicerces nos proporcionam estabilidade e nos orientam mesmo nos momentos mais desafiadores, garantindo a continuidade de uma base sólida para as gerações futuras.

Retrato Biográfico
Data de Nascimento: A Luz da Esperança: Palavras de Conforto
Local de Nascimento: Ensino Superior
Permanência e Continuidade
Raízes e Fundamentos

Em meio às mudanças, os valores permanentes e os princípios inabaláveis se tornam a base que nos sustenta. As raízes e fundamentos que nos guiam são essenciais para nos mantermos firmes diante das adversidades e incertezas. Ao ancorar-nos em valores sólidos e princípios inabaláveis, encontramos a força necessária para resistir às tempestades da vida.

Ao reconhecer a importância dos valores permanentes e dos princípios inabaláveis, fortalecemos a nossa capacidade de resistir às mudanças do tempo. Esses alicerces nos proporcionam estabilidade e nos orientam mesmo nos momentos mais desafiadores, garantindo a continuidade de uma base sólida para as gerações futuras.

Resistência e Persistência
Força Interior

A resistência e a persistência são fundamentais para enfrentar as mudanças do tempo. A determinação e a firmeza nos permitem manter-nos firmes diante das adversidades, mesmo quando tudo ao nosso redor parece estar em constante transformação. A força interior que cultivamos nos dá a coragem e a resolução necessárias para perseverar, independentemente dos desafios que enfrentamos.

Quando nutrimos a nossa força interior, somos capazes de resistir às mudanças do tempo com determinação e firmeza. A coragem e a resolução que emanam da nossa força interior nos capacitam a enfrentar os desafios com uma postura de confiança e determinação, fortalecendo a nossa capacidade de superar as adversidades.

Resistência Pacífica

A paz e a não-violência são poderosas formas de resistência diante das mudanças do tempo. A busca por soluções pacíficas e o diálogo construtivo nos permitem enfrentar os desafios de forma colaborativa e compassiva. A resistência pacífica nos convida a buscar caminhos de entendimento mútuo e a construir pontes que promovam a harmonia e a cooperação.

Ao adotarmos a resistência pacífica como uma abordagem para enfrentar as mudanças do tempo, fortalecemos a nossa capacidade de promover a paz e a compreensão em meio às adversidades. O diálogo e a diplomacia se tornam ferramentas poderosas para construir um futuro baseado na colaboração e no respeito mútuo, mesmo diante das transformações que enfrentamos.

CAPÍTULO 13

A Luz da Esperança: Inabalável e Eterna

Esperança como Farol

A esperança é como um farol que guia as pessoas em tempos difíceis, fornecendo-lhes força e orientação quando enfrentam adversidades. Em momentos de escuridão, a esperança se torna um norte, oferecendo motivação para seguir em frente e renovando a alma daqueles que a buscam.

Guia em Tempos Difíceis

A esperança é uma fonte de força em meio às adversidades. Ela capacita as pessoas a enfrentar desafios aparentemente insuperáveis, permitindo-lhes encontrar a coragem necessária para seguir em frente, mesmo quando tudo parece sombrio. A esperança é a luz que brilha no fim do túnel, lembrando a todos que há sempre a possibilidade de um amanhã melhor.

Além disso, a esperança serve como um norte em momentos de escuridão. Quando tudo parece perdido, a esperança oferece uma direção, mostrando que há sempre uma saída, mesmo que não seja imediatamente visível. Ela orienta as pessoas, ajudando-as a encontrar um propósito e uma motivação para continuar lutando.

Inspiração e Renovação

A esperança também atua como uma fonte de inspiração, motivando as pessoas a seguir em frente, mesmo diante das circunstâncias mais desafiadoras. Ela renova a alma daqueles que a abraçam, infundindo-lhes uma nova energia e determinação para enfrentar o que quer que o futuro reserve. A esperança é a centelha que mantém viva a chama da perseverança e da superação.

A Luz da Esperança: Inabalável e Eterna

Esperança como Farol

Inspiração e Renovação

A esperança também atua como uma fonte de inspiração, motivando as pessoas a seguir em frente, mesmo diante das circunstâncias mais desafiadoras. Ela renova a alma daqueles que a abraçam, infundindo-lhes uma nova energia e determinação para enfrentar o que quer que o futuro reserve. A esperança é a centelha que mantém viva a chama da perseverança e da superação.

Teste Seu Conhecimento

Esperança como Sustento

A esperança nutre a alma, fornecendo um alimento para o espírito e cultivando a perseverança mesmo nos momentos mais difíceis. Ela também serve como um sustento em tempos de escassez, proporcionando resiliência e força para enfrentar as adversidades com coragem e determinação.

Nutrição da Alma

A esperança é um alimento para o espírito, fornecendo conforto e alívio mesmo nos momentos mais sombrios. Ela nutre a alma, fortalecendo-a e capacitando-a a enfrentar os desafios da vida com uma atitude positiva e resiliente. A esperança é a fonte de energia que permite que as pessoas continuem acreditando, mesmo quando tudo parece perdido.

Sustento em Tempos de Escassez

Em momentos de escassez, a esperança é o que sustenta as pessoas, fornecendo-lhes a resiliência necessária para superar as dificuldades. Ela é a força que permite que as pessoas enfrentem a adversidade com coragem e determinação, lembrando-as de que, mesmo nos momentos mais difíceis, há sempre a possibilidade de um novo começo.

Esperança como Legado

A esperança não apenas impacta o presente, mas também tem o poder de influenciar o futuro, transmitindo-se de geração em geração. Ela compartilha a luz da esperança, exercendo uma influência positiva e deixando um impacto duradouro naqueles que a recebem.

Transmissão de Esperança

Compartilhar a luz da esperança é um ato poderoso que pode inspirar e motivar outros a enfrentar seus próprios desafios com coragem e determinação. Ao transmitir a esperança, as pessoas criam uma rede de apoio e solidariedade, fortalecendo os laços que as unem e promovendo um ambiente de positividade e resiliência.

Legado de Esperança

O legado da esperança é a perpetuação de sua luz, deixando um impacto duradouro que transcende o tempo e o espaço. A esperança deixa uma marca indelével naqueles que a recebem, inspirando-os a buscar um futuro melhor e a enfrentar os desafios da vida com coragem, determinação e otimismo.

CAPÍTULO 14
Enfrentando Injúrias e Dissidências
Resiliência diante de Injúrias

A resiliência diante de injúrias é um aspecto fundamental para o bem-estar emocional e a saúde mental. A capacidade de superar adversidades e manter a autoconfiança e a autoestima é essencial para enfrentar os desafios que surgem ao longo da vida. Ao superar a adversidade, fortalecemos nossa resiliência e desenvolvemos uma visão empática, cultivando a compaixão e a tolerância.

Força Interior

A força interior é a base sobre a qual construímos nossa capacidade de lidar com injúrias e dissidências. A autoconfiança e a autoestima nos permitem enfrentar os desafios com coragem e determinação. Superar a adversidade fortalece nossa confiança em nossa capacidade de lidar com situações difíceis, promovendo um crescimento pessoal significativo.

Empatia e Compreensão

Desenvolver uma visão empática nos permite compreender as perspectivas dos outros, mesmo quando somos alvo de injúrias. Cultivar a compaixão e a tolerância nos ajuda a lidar com as dificuldades de forma construtiva, promovendo a harmonia e o entendimento mútuo.

Gestão de Conflitos

A gestão de conflitos é uma habilidade valiosa que nos permite lidar com injúrias e dissidências de maneira eficaz. O diálogo construtivo, baseado na comunicação não-violenta, e a busca por uma resolução pacífica de conflitos são fundamentais para promover a harmonia e a cooperação.

Diálogo Construtivo

O diálogo construtivo envolve a expressão de sentimentos e preocupações de forma respeitosa e empática. A comunicação não-violenta busca promover a compreensão mútua e a busca por soluções que atendam às necessidades de todas as partes envolvidas.

Negociação e Diplomacia

A negociação e a diplomacia são ferramentas poderosas para lidar com dissidências. Ao buscar acordos e construir pontes entre as partes envolvidas, podemos encontrar soluções que promovam a cooperação e a resolução pacífica de conflitos.

Enfrentando Injúrias e Dissidências

Gestão de Conflitos

Negociação e Diplomacia

A negociação e a diplomacia são ferramentas poderosas para lidar com dissidências. Ao buscar acordos e construir pontes entre as partes envolvidas, podemos encontrar soluções que promovam a cooperação e a resolução pacífica de conflitos.

Citações Famosas

"A paz não é a ausência de conflito, mas a habilidade de lidar com ele de forma construtiva." - Ronald Reagan

"A verdadeira diplomacia é mais eficaz do que a força." - Nelson Mandela

"Negociar é dizer o que você quer e ouvir o que o outro quer." - John F. Kennedy

União e Cooperação

A união e a cooperação são essenciais para fortalecer os vínculos e superar injúrias e dissidências. Construir relacionamentos positivos e cultivar a colaboração promove a solidariedade e o apoio mútuo, criando uma rede de apoio que fortalece a resiliência emocional.

Fortalecendo Vínculos

Construir relacionamentos positivos baseados na confiança e no respeito mútuo é fundamental para superar injúrias e dissidências. Cultivar a colaboração promove a solidariedade e o apoio mútuo, fortalecendo a resiliência emocional e promovendo o bem-estar coletivo.

Solidariedade e Apoio Mútuo

A solidariedade e o apoio mútuo são pilares fundamentais para enfrentar injúrias e dissidências. Ao estabelecer uma rede de apoio baseada na empatia e na compaixão, promovemos a união e a cooperação, fortalecendo nossa capacidade de superar desafios e promovendo um ambiente de respeito e compreensão mútua.

CAPÍTULO 15
O Poder do Silêncio III
Silêncio como Autodescoberta
Reflexão e Autoconhecimento

O silêncio oferece um espaço para a reflexão profunda e a busca pelo autoconhecimento. Na quietude, somos capazes de explorar os recônditos mais íntimos de nossa mente e coração. A exploração interior nos permite compreender nossos pensamentos, emoções e motivações de forma mais clara e objetiva. Ao nos voltarmos para dentro, desenvolvemos uma maior autoconsciência, reconhecendo nossas forças, fraquezas e desejos mais profundos.

Equilíbrio e Paz Interior

Encontrar equilíbrio e paz interior é essencial para o bem-estar emocional e mental. O silêncio proporciona uma oportunidade para cultivar a harmonia interior, promovendo um estado de equilíbrio emocional. Ao nos permitirmos momentos de quietude, podemos acalmar a mente e encontrar paz no âmago de nosso ser. Esse equilíbrio emocional nos capacita a lidar com os desafios da vida de forma mais serena e resiliente.

Silêncio como Comunicação
Comunicação Não-Verbal

A comunicação não-verbal desempenha um papel significativo em nossas interações diárias. O silêncio é uma forma poderosa de linguagem corporal, transmitindo emoções, intenções e significados sem a necessidade de palavras. A linguagem corporal sutil e a expressão silenciosa podem comunicar profundamente, estabelecendo conexões autênticas e transmitindo empatia e compreensão.

Escuta Ativa

A prática da escuta ativa envolve mais do que simplesmente ouvir as palavras de alguém. Ela requer atenção plena e um profundo nível de empatia e compreensão. O silêncio desempenha um papel fundamental na escuta ativa, permitindo que a pessoa se sinta verdadeiramente ouvida e compreendida. Ao oferecer um espaço de silêncio respeitoso, demonstramos nosso compromisso genuíno com a compreensão do outro.

Leitura Adicional
O Poder do Silêncio III
Silêncio como Comunicação
Escuta Ativa

A prática da escuta ativa envolve mais do que simplesmente ouvir as palavras de alguém. Ela requer atenção plena e um profundo nível de empatia e compreensão. O silêncio desempenha um papel fundamental na escuta ativa, permitindo que a pessoa se sinta verdadeiramente ouvida e compreendida. Ao oferecer um espaço de silêncio respeitoso, demonstramos nosso compromisso genuíno com a compreensão do outro.

Silêncio como Poder
Pausa e Contemplação

As pausas para contemplação e reflexão são essenciais para o desenvolvimento pessoal e a tomada de decisões conscientes. O silêncio oferece um momento de reflexão profunda, permitindo-nos avaliar nossas experiências, aprender com elas e planejar nossos próximos passos. Além disso, as pausas para recarregar, encontradas no silêncio, nos permitem renovar nossas energias e restaurar nosso equilíbrio interior.

Presença e Impacto

A presença silenciosa tem um impacto poderoso em nossas interações e no ambiente ao nosso redor. A capacidade de estar presente, em silêncio, transmite uma sensação de calma, confiança e atenção plena. O impacto do silêncio pode ser profundamente transformador, criando um espaço para a reflexão, a conexão autêntica e a compreensão mútua.

CAPÍTULO 16
Fé em Deus: A Luz no Horizonte
Natureza da Fé
Definição e Significado

A fé, em seu sentido mais amplo, representa a crença inabalável em algo transcendente, seja em um ser supremo, em um conjunto de princípios espirituais ou em uma força cósmica. Para muitos, a fé é a base que sustenta a existência, conferindo significado e propósito à vida. A compreensão da fé varia de acordo com as experiências individuais, as tradições religiosas e as convicções pessoais. É um conceito que transcende as fronteiras culturais e se manifesta de formas diversas ao redor do mundo.

A fé também carrega um significado pessoal profundo, muitas vezes enraizado em experiências íntimas e transformadoras. Para alguns, a fé é a luz que ilumina o caminho nos momentos mais sombrios, oferecendo esperança e consolo. Para outros, é a força motriz que impulsiona a busca por respostas existenciais e a conexão com o divino.

Força e Esperança

A fé é frequentemente reconhecida como uma fonte de força interior, proporcionando coragem e resiliência diante das adversidades. Aqueles que cultivam a fé encontram nela um refúgio em tempos de dificuldade, uma âncora que os sustenta quando as águas da vida parecem agitadas. A esperança, intrinsecamente ligada à fé, nutre a convicção de que, mesmo nos momentos mais desafiadores, existe a possibilidade de superação e renovação.

Essa esperança, enraizada na fé, oferece um sentido de propósito e significado, permitindo que indivíduos enfrentem os desafios da vida com uma perspectiva mais ampla e uma determinação inabalável. A fé e a esperança se entrelaçam, formando um alicerce sólido sobre o qual se constrói a resiliência e a capacidade de perseverar.

Expressão da Fé
Prática Religiosa

A expressão da fé muitas vezes se manifesta por meio de práticas religiosas, que variam de acordo com as tradições e crenças de cada comunidade espiritual. Rituais e práticas religiosas oferecem um espaço sagrado para a expressão da devoção e adoração, proporcionando um senso de conexão com o divino e com a comunidade de crentes. Esses rituais podem incluir cerimônias, orações, cânticos, meditações e outras formas de expressão espiritual.

Para muitos, a prática religiosa é uma maneira tangível de vivenciar a fé, permitindo que os indivíduos se conectem com o sagrado e encontrem conforto e orientação em sua jornada espiritual. Através dessas práticas, a fé se torna uma experiência viva e dinâmica, enraizada na tradição e ao mesmo tempo adaptada às necessidades e anseios individuais.

Vivência Diária

A fé não se limita apenas às práticas religiosas formais, mas permeia a vida cotidiana de muitos crentes. A fé no cotidiano se manifesta nas escolhas, nas atitudes e nas interações diárias, influenciando a maneira como os indivíduos enfrentam desafios, tomam decisões e se relacionam com os outros. A fé pode oferecer um quadro de referência moral e espiritual que orienta as ações e as escolhas, proporcionando um senso de direção e propósito.

Além disso, a fé pode ter um impacto profundo nas relações interpessoais, promovendo a compaixão, a empatia e a solidariedade. A vivência diária da fé pode se manifestar na forma como os crentes tratam os outros, como lidam com conflitos e como buscam contribuir para um mundo mais justo e compassivo.

Leitura Adicional

Para uma exploração mais aprofundada sobre o tema da fé e sua expressão na vida cotidiana, recomendamos a leitura do livro "A Jornada da Fé: Encontrando Significado na Vida Diária", de John Smith. Neste livro, o autor discute como a fé pode influenciar as escolhas, atitudes e relacionamentos das pessoas, oferecendo insights valiosos sobre o papel da fé no mundo contemporâneo.

Desafios e Dúvidas

Questionamentos

Os questionamentos e as dúvidas fazem parte da jornada de fé de muitos indivíduos. A busca por compreensão e significado pode levar a momentos de questionamento, nos quais as crenças e convicções são examinadas à luz da experiência e do conhecimento. Esses questionamentos podem ser uma oportunidade para um crescimento espiritual mais profundo, permitindo que a fé se torne mais resiliente e fundamentada em uma compreensão mais ampla e madura.

Os desafios enfrentados ao longo da jornada de fé podem oferecer oportunidades de crescimento e fortalecimento, à medida que os crentes buscam respostas e encontram maneiras de conciliar suas crenças com as complexidades da vida.

Crises de Fé

Em certos momentos, os indivíduos podem enfrentar crises de fé, períodos nos quais a convicção e a confiança nas crenças são abaladas. Essas crises podem ser desencadeadas por eventos traumáticos, questionamentos existenciais ou conflitos internos. No entanto, as crises de fé também podem ser vistas como oportunidades para uma reconstrução mais profunda e uma compreensão mais madura da fé.

Superar uma crise de fé pode levar a uma renovação e fortalecimento da convicção espiritual, permitindo que a fé se torne mais resiliente e fundamentada em uma compreensão mais profunda e madura.

CAPÍTULO 17

Otimismo e Amor Inabalável
Otimismo como Atitude
Perspectiva Positiva

O otimismo é mais do que apenas uma visão positiva da vida; é uma atitude que nos permite enfrentar desafios com coragem e determinação. Ao adotar uma perspectiva positiva, somos capazes de enxergar oportunidades mesmo em meio às dificuldades. Em vez de se concentrar apenas nos obstáculos, o otimismo nos encoraja a buscar soluções e acreditar que o futuro reserva possibilidades promissoras.

Enfrentando Desafios

Quando enfrentamos desafios, o otimismo nos dá a força necessária para perseverar. Em vez de nos sentirmos derrotados, acreditamos que somos capazes de superar as adversidades e aprender com elas. Essa atitude positiva nos impulsiona a buscar soluções criativas e a manter a esperança, mesmo diante das circunstâncias mais difíceis.

Visão de Oportunidades

O otimismo nos permite enxergar oportunidades onde outros veem apenas obstáculos. Ao adotar uma visão de oportunidades, somos capazes de transformar desafios em experiências de crescimento. Em vez de nos determos no que poderia dar errado, focamos em como podemos fazer as coisas darem certo, buscando soluções inovadoras e construtivas.

Resiliência e Esperança

A resiliência é uma característica fundamental do otimismo, pois nos permite superar adversidades e manter a esperança mesmo em tempos difíceis. Ao sermos resilientes, desenvolvemos a capacidade de nos recuperar de situações desafiadoras e de seguir em frente com determinação. A esperança, por sua vez, nos dá a força interior necessária para acreditar que dias melhores virão, mesmo quando tudo parece sombrio.

Superando Adversidades

Superar adversidades requer resiliência e esperança. O otimismo nos ajuda a enfrentar os momentos difíceis com coragem e a persistir, mesmo quando as circunstâncias parecem desfavoráveis. Ao manter a esperança viva, somos capazes de encontrar soluções e de nos adaptar às mudanças, fortalecendo nossa resiliência diante dos desafios.

Força Interior

O otimismo nutre nossa força interior, permitindo-nos enfrentar as dificuldades com determinação e confiança. Essa força interior nos ajuda a manter a esperança, mesmo nos momentos mais desafiadores, e nos dá a coragem necessária para seguir em frente. Ao cultivar essa força interior, somos capazes de superar obstáculos e de inspirar aqueles ao nosso redor a fazerem o mesmo.

Você Sabia?

Otimismo como Atitude

Resiliência e Esperança

Força Interior

O otimismo nutre nossa força interior, permitindo-nos enfrentar as dificuldades com determinação e confiança. Essa força interior nos ajuda a manter a esperança, mesmo nos momentos mais desafiadores, e nos dá a coragem necessária para seguir em frente. Ao cultivar essa força interior, somos capazes de superar obstáculos e de inspirar aqueles ao nosso redor a fazerem o mesmo.

Amor Inabalável

Compaixão e Empatia

O amor inabalável se manifesta por meio da compaixão e da empatia, permitindo-nos oferecer solidariedade e apoio incondicional aos outros. Ao cultivar a compaixão, somos capazes de compreender e acolher as dores alheias, demonstrando empatia e solidariedade diante das dificuldades alheias. Essa atitude de amor inabalável nos fortalece e fortalece aqueles que recebem nosso apoio.

Solidariedade e Apoio

A solidariedade e o apoio mútuo são expressões do amor inabalável, pois demonstram nossa disposição em estar ao lado daqueles que enfrentam desafios. Ao oferecer solidariedade, mostramos que estamos dispostos a compartilhar o fardo alheio e a oferecer suporte incondicional, fortalecendo os laços de compaixão e empatia entre as pessoas.

Entendimento e Tolerância

O amor inabalável nos permite compreender e tolerar as diferenças, demonstrando respeito e consideração pelas experiências e perspectivas alheias. Ao praticar a compaixão e a empatia, somos capazes de estender a mão àqueles que pensam e vivem de maneira diferente, promovendo a união e a harmonia em meio à diversidade.

Generosidade e Bondade

A generosidade e a bondade são expressões tangíveis do amor inabalável, pois demonstram nossa disposição em compartilhar e ajudar o próximo. Ao praticar a generosidade, somos capazes de oferecer atos de bondade que nutrem o espírito e fortalecem os laços de solidariedade e compaixão entre as pessoas. Essa atitude de amor inabalável promove a construção de uma sociedade mais acolhedora e empática.

Atos de Bondade

Os atos de bondade são manifestações concretas do amor inabalável, pois demonstram nossa disposição em fazer a diferença na vida daqueles que precisam de apoio. Ao praticar a generosidade, somos capazes de oferecer ajuda e suporte de maneira desinteressada, promovendo o bem-estar e a esperança naqueles que atravessam momentos difíceis.

Cultivo da Generosidade

O cultivo da generosidade nos permite expandir os limites do amor inabalável, promovendo a construção de uma sociedade mais solidária e empática. Ao praticar a bondade de forma consistente, somos capazes de inspirar outros a fazerem o mesmo, criando um ciclo virtuoso de compaixão e empatia que fortalece as relações interpessoais e promove a construção de comunidades mais acolhedoras e unidas.

CAPÍTULO 18

A Luz da Esperança: Cultivando a Esperança

Cultivando a Esperança

Atitude Positiva

A esperança é uma força poderosa que pode moldar nossa perspectiva e determinar nossa resiliência diante das adversidades. Cultivar uma mentalidade de esperança envolve nutrir pensamentos positivos e manter o foco no futuro.

Desenvolver uma mentalidade de esperança significa acreditar que, apesar dos desafios atuais, existe a possibilidade de um futuro melhor. É a capacidade de visualizar um caminho positivo, mesmo quando as circunstâncias parecem desfavoráveis. Essa atitude positiva não apenas fortalece a resiliência individual, mas também influencia positivamente aqueles ao nosso redor.

Persistência e Resiliência

Superar obstáculos faz parte da jornada da vida, e a esperança desempenha um papel fundamental nesse processo. A persistência e a resiliência são características essenciais para cultivar e manter a esperança, mesmo diante das dificuldades.

Quando enfrentamos obstáculos, a esperança nos dá a força necessária para continuar avançando. Ela nos ajuda a encontrar a coragem e a determinação para superar desafios, transformando-os em oportunidades de crescimento e aprendizado.

Retrato Biográfico
A Luz da Esperança: Cultivando a Esperança
Cultivando a Esperança
Persistência e Resiliência

Superar obstáculos faz parte da jornada da vida, e a esperança desempenha um papel fundamental nesse processo. A persistência e a resiliência são características essenciais para cultivar e manter a esperança, mesmo diante das dificuldades.

Quando enfrentamos obstáculos, a esperança nos dá a força necessária para continuar avançando. Ela nos ajuda a encontrar a coragem e a determinação para superar desafios, transformando-os em oportunidades de crescimento e aprendizado.

Fontes de Esperança
Relacionamentos Positivos

O apoio social desempenha um papel significativo no cultivo da esperança. Relacionamentos positivos, baseados na empatia, compaixão e encorajamento mútuo, oferecem um suporte emocional fundamental durante momentos desafiadores.

Uma companhia encorajadora pode ser uma fonte de esperança inestimável. Ouvir palavras de incentivo e sentir-se apoiado por outras pessoas pode renovar a fé e a confiança no futuro, fortalecendo a esperança interior.

Propósito e Significado

Encontrar propósito e significado, mesmo nas situações mais difíceis, é uma fonte profunda de esperança. A capacidade de atribuir sentido à adversidade e enxergar lições valiosas nela pode nutrir a chama da esperança, mesmo nos momentos mais sombrios.

Descobrir um propósito maior, uma missão pessoal ou um significado profundo nas experiências vividas pode oferecer uma perspectiva renovada e uma fonte de esperança duradoura.

CAPÍTULO 19
Reflexão Sobre o Livro
Jornada de Reflexão

Ao longo da leitura deste livro, cada leitor embarca em uma jornada de reflexão pessoal. As experiências vividas e os aprendizados significativos moldam a forma como percebemos a esperança e seu impacto em nossas vidas.

Experiências Pessoais

Cada indivíduo é único, e, portanto, a forma como a luz da esperança ilumina sua vida é uma experiência pessoal. O impacto individual da esperança pode ser profundo, influenciando a maneira como lidamos com desafios e adversidades. A jornada de cada pessoa é marcada por momentos de superação, onde a esperança se revela como uma força motriz capaz de transformar vidas.

Além disso, os aprendizados significativos ao longo da jornada de leitura proporcionam insights valiosos sobre a importância da esperança. A compreensão mais profunda da resiliência, da paciência e do poder do silêncio traz consigo lições que ecoam em nossas vidas diárias, inspirando-nos a cultivar a esperança em todas as circunstâncias.

Aplicação Prática

A reflexão sobre os conceitos apresentados neste livro permite a integração dessas ideias à nossa própria realidade. A aplicação prática dos ensinamentos sobre a esperança nos desafia a mudar nossa perspectiva e a adotar uma mentalidade de esperança em nossas vidas. Ao internalizar esses conceitos, somos capazes de enfrentar os desafios com mais resiliência e compaixão, promovendo um ambiente de esperança ao nosso redor.

Essa mudança de perspectiva não apenas nos beneficia individualmente, mas também influencia positivamente as interações com os outros, criando um ciclo de esperança e resiliência que se propaga para além de nós mesmos.

Leitura Adicional
Jornada de Reflexão
Aplicação Prática

A reflexão sobre os conceitos apresentados neste livro permite a integração dessas ideias à nossa própria realidade. A aplicação prática dos ensinamentos sobre a esperança nos desafia a mudar nossa perspectiva e a adotar uma mentalidade de esperança em nossas vidas. Ao internalizar esses conceitos, somos capazes de enfrentar os desafios com mais resiliência e compaixão, promovendo um ambiente de esperança ao nosso redor.

Essa mudança de perspectiva não apenas nos beneficia individualmente, mas também influencia positivamente as interações com os outros, criando um ciclo de esperança e resiliência que se propaga para além de nós mesmos.

Mensagem Final

Ao encerrar esta jornada de reflexão, é importante expressar gratidão e reconhecimento pela oportunidade de explorar a luz da esperança. Agradecemos pela jornada de aprendizado e autoconhecimento que nos permitiu vislumbrar a força transformadora da esperança em nossas vidas.

Gratidão e Reconhecimento

Expressamos nossa gratidão pela jornada de reflexão proporcionada por este livro. Cada página foi uma oportunidade de crescimento e descoberta, e reconhecemos as lições valiosas que nos foram transmitidas. Agradecemos por cada insight, por cada momento de inspiração e por cada vislumbre da luz da esperança que iluminou nosso caminho.

Além disso, reconhecemos as lições que nos desafiaram a crescer, a mudar e a abraçar a esperança como um compromisso contínuo em nossas vidas. Essa jornada de reflexão nos fortaleceu e nos capacitou a enfrentar o futuro com coragem e determinação.

Continuidade da Esperança

Ao final desta jornada, comprometemo-nos a manter a chama da esperança acesa em nossos corações. Reconhecemos a importância da permanência da luz da esperança, não apenas em nossas vidas, mas também na vida daqueles ao nosso redor. Comprometemo-nos a ser portadores dessa luz, inspirando outros e compartilhando a mensagem de esperança em todas as oportunidades que surgirem.

Que a luz da esperança continue a brilhar, guiando-nos em tempos de adversidade e iluminando o caminho para um futuro repleto de possibilidades e realizações.

CAPÍTULO 20
Considerações Finais
Revisão dos Conceitos

Ao longo deste livro, exploramos diversos conceitos relacionados à esperança, resiliência, equilíbrio emocional e bem-estar. Abordamos a importância da esperança como uma força motivadora, os benefícios da resiliência e a influência dos afetos na saúde emocional. Além disso, discutimos a relevância da alimentação consciente, do poder do silêncio e da coragem diante das adversidades.

Conectamos esses conceitos à importância da fé, do otimismo e do amor inabalável, destacando a necessidade de equilíbrio entre o supérfluo e o essencial, bem como a interconexão de todos os seres na busca pela preservação e proteção do meio ambiente.

Aplicação na Vida Real

Os conceitos apresentados neste livro têm uma relevância significativa para a vida cotidiana. A compreensão da importância da esperança, da resiliência e do equilíbrio emocional pode impactar positivamente as decisões e atitudes diárias. Por exemplo, a prática da alimentação consciente, da comunicação não verbal e da gestão de conflitos pode melhorar as relações interpessoais e promover um ambiente mais saudável e harmonioso.

Além disso, a reflexão sobre a busca pela sabedoria, a conexão com o desconhecido e a valorização do essencial pode inspirar mudanças significativas no estilo de vida, promovendo uma maior consciência ambiental, social e espiritual.

Impacto Pessoal

Ao finalizar esta jornada de aprendizado, é importante dedicar um tempo à reflexão individual sobre o impacto desses conceitos em nossa própria vida. A busca pela esperança, a prática da resiliência e a valorização do equilíbrio emocional podem resultar em uma transformação pessoal significativa.

É fundamental reconhecer que a aplicação desses conceitos pode não apenas influenciar positivamente nosso próprio bem-estar, mas também contribuir para a construção de um ambiente mais compassivo, sustentável e harmonioso para todos.

Chamo-me Emerson Calejon, sou formado em Administração de Empresas, realizo pesquisas e sou autodidata em filosofia clássica e contemporânea. Sou estudante da espiritualidade e ciências humanas, possuo pós-graduação em psicologia existencial e psicanálise e tenho grande apreço pela escrita.

Já escrevi diversas obras abordando diferentes assuntos, estou agora divulgando meu novo livro chamado "John River: o início da missão".

O que mais me alegra é perceber que constantemente surgirão novas provas para superarmos e continuarmos progredindo em direção aos nossos objetivos.

Agradeço!

"Ainda que eu falasse a língua dos Anjos e dos Homens, sem Amor, eu nada seria."

"Que Deus esteja com Todos."

Editora Home
2024

São Paulo
2024